초등학생을 위한
바른 손글씨
동시 쓰기 45

예다움 기획

도서출판 큰그림

초등학생을 위한
바른 손글씨
동시 쓰기 45

초판 발행 · 2023년 5월 25일
초판 2쇄 발행 · 2024년 12월 30일

기 획 예다움
펴낸이 이강실
펴낸곳 도서출판 큰그림
등 록 제2018-000090호
주 소 서울시 마포구 양화로 133 서교타워 1703호
전 화 02-849-5069
팩 스 02-6004-5970
이메일 big_picture_41@naver.com

디자인 예다움
인쇄와 제본 미래피앤피

가격 8,500원
ISBN 979-11-90976-23-7   73710

- 잘못된 책은 구입한 서점에서 바꿔 드립니다.
- 이 책의 저작권은 도서출판 큰그림에 있으므로 실린 글과 그림을 무단으로 복사, 복제, 배포하는 것은 저작권자의 권리를 침해하는 것입니다.
- 사진 출처 : 〈게티이미지뱅크〉

 들어가는 글

아름다운 동시 + 또박또박 따라 쓰는 반듯한 글씨체

'동심'의 뜻을 찾으면 '어린이의 마음'이라고 풀이가 나옵니다.

순수하고 맑은 어린이의 마음을 글로 표현한 동시와 동요는 짧지만 어린이들과 어른들에게 유쾌함과 재미 그리고 감동을 주지요.

이 책에서는 강소천, 박목월, 권정생, 최계락 외 16명의 순수한 동심을 표현한 동시와 동요 45편의 감상과 반듯한 글씨체 연습을 동시에 할 수 있도록 편집했고, 큰 글씨에서 작은 글씨까지 5단계의 다양한 글씨 크기 연습을 할 수 있습니다.

아이들의 마음이 들여다보이는 동시도 읽고 반듯한 글씨체도 따라 써 보며 자신만의 서체를 만들어 보세요.

목차

글씨 크기 28포인트

- 봄 • 최계락 ………………… 8
- 닭 • 강소천 ………………… 10
- 다람다람 다람쥐 • 박목월 …… 12
- 잔소리 • 김갑제 ……………… 14
- 내 의자는 • 채정미 …………… 16
- 꽃밭에서 • 어효선 …………… 18
- 봄날 • 권태응 ………………… 20
- 구슬비 • 권오순 ……………… 24
- 반달 • 윤극영 ………………… 26
- 가을 지붕 • 권태응 …………… 28

글씨 크기 26포인트

- 국어 공부 • 김구연 …………… 30
- 이름 • 엄기원 ………………… 32
- 물새알 산새알 • 박목월 ……… 34
- 별 하나 나 하나 • 강소천 …… 38
- 노을 • 이동진 ………………… 40
- 아기와 나비 • 강소천 ………… 44
- 내 그림자 • 이원수 …………… 48
- 달 • 최계락 …………………… 50
- 산 너머 남촌에는 • 김동환 …… 52

글씨 크기 24포인트

- 달팽이 3 • 권정생 …………… 56
- 꼬까신 • 최계락 ……………… 58
- 보슬비의 속삭임 • 강소천 …… 60
- 은행나무 • 권태응 …………… 62
- 눈 내리는 밤 • 강소천 ………… 64
- 소 • 권정생 …………………… 66
- 거미줄 • 최계락 ……………… 70
- 풀벌레의 전화 • 강소천 ……… 72

글씨 크기 **22포인트**

- 퐁당퐁당 • 윤석중 ……………… 76
- 숨바꼭질 • 강소천 ……………… 78
- 학교 길 • 최계락 ……………… 82
- 코끼리 • 박목월 ……………… 84
- 기러기 • 윤석중 ……………… 88
- 초록길 • 최계락 ……………… 90
- 단추 • 박목월 ……………… 92

글씨 크기 **20포인트**

- 할머니와 산나물 • 김용희 ……… 94
- 봄나비 한 쌍 • 강소천 ………… 96
- 겨울 이야기 • 이봉직 …………… 98
- 옹달샘 • 윤석중 ……………… 100
- 바람 • 방정환 ……………… 102
- 조그만 하늘 • 강소천 ………… 104

둘째마당 자유롭게 써 보기

- 가을 • 신현득 ……………… 110
- 달력 • 최계락 ……………… 112
- 봄바람 • 강소천 ……………… 114
- 엄마하고 • 박목월 …………… 116
- 봄과 골목 • 최계락 …………… 118

첫째 마당에서는 아름답고 재미있는 동시·동요 **40편**을 또박또박 따라 쓰는 **반듯한 글씨체**로 연습합니다.
처음에는 서툴어도 시간을 들여 그리듯 천천히 큰 글씨로 따라 써 봅니다. 이후 점점 작은 글씨로 따라 써 보며 재미있고 유쾌한 동시가 전달하는 마음을 느껴 보세요.

• 글씨 크기 28pt
푸른 산 세로 길이 8.8mm

• 글씨 크기 26pt
물새는 세로 길이 8mm

• 글씨 크기 24pt
달팽이 세로 길이 7.4mm

• 글씨 크기 22pt
퐁당퐁당 세로 길이 6.6mm

• 글씨 크기 20pt
할머니가 세로 길이 6mm

봄

최계락

1. 하얀
2. 도화지 위에
3. 그림을 그린다.
4. 푸른 산
5. 푸른 들
6. 푸른 마을.

글자 크기
28 포인트

7
하얀

하얀

8
도화지 위에

도화지 위에

9
푸르게 번지는

푸르게 번지는

10
봄

봄

11
3월

3월

12
한나절.

한나절.

닭

강소천

1. 물 / 한 모금 / 입에 물고
   물 / 한 모금 / 입에 물고

2. 하늘 / 한 번 / 쳐다보고
   하늘 / 한 번 / 쳐다보고

3. 또 / 한 모금 / 입에 물고
   또 / 한 모금 / 입에 물고

4. 구름 / 한 번 / 쳐다보고
   구름 / 한 번 / 쳐다보고

글자 크기
28 포인트

1
2
3
4

다람다람 다람쥐

박목월

1. 다람다람 다람쥐
   다람다람 다람쥐

2. 알밤 줍는 다람쥐
   알밤 줍는 다람쥐

3. 보름보름 달밤에
   보름보름 달밤에

4. 알밤 줍는 다람쥐
   알밤 줍는 다람쥐

5
알밤인가 하고
알밤인가 하고

6
솔방울도 줍고
솔방울도 줍고

7
알밤인가 하고
알밤인가 하고

8
조약돌도 줍고
조약돌도 줍고

잔소리

김갑제

1. 말이 별로 없는

2. 우리 아빠

3. 술만 취하면

4. 한 말 또 한다.

5 그런데

그런데

6 우리 엄마는

우리 엄마는

7 술 한 모금 먹지 않고

술 한 모금 먹지 않고

8 한 말을 두 번도 더 한다.

한 말을 두 번도 더 한다.

내 의자는

채정미

1. 새들의 의자는
   새들의 의자는

2. 나무들이고
   나무들이고

3. 나비들의 의자는
   나비들의 의자는

4. 꽃들인데
   꽃들인데

글자 크기 **28** 포인트

5
그럼, 내 의자는?

6
음,

7
따뜻하고 포근한

8
엄마 아빠 품이지!

꽃밭에서

어효선

1. 아빠하고 나하고 만든 꽃밭에

2. 채송화도 봉숭아도 한창입니다.

3. 아빠가 매어 놓은 새끼줄 따라

4. 나팔꽃도 어울리게 피었습니다.

5
애들하고 재밌게 뛰어놀다가

6
아빠 생각나서 꽃을 봅니다.

7
아빠는 꽃 보며 살자 그랬죠.

8
날 보고 꽃같이 살자 그랬죠.

봄날

권태응

1. 햇볕이 따끈
   햇볕이 따끈

2. 얼음장이 풀리고
   얼음장이 풀리고

3. 졸졸졸 시냇물
   졸졸졸 시냇물

4. 고기들은 헤엄친다.
   고기들은 헤엄친다.

글자 크기
28 포인트

5. 햇볕이 따끈

6. 땅덩이 풀리고

7. 새파란 보리싹

8. 싱싱하게 자란다.

- 다음 페이지에 이어서 -

9 **햇볕이 따끈**
햇볕이 따끈

10 **추위 홱 풀리고**
추위 홱 풀리고

11 **아이들은 자꾸만**
아이들은 자꾸만

12 **바깥으로 나간다.**
바깥으로 나간다.

1
2
3
4
5
6
7
8
9
10
11
12

구슬비

권오순

1
송알송알 싸리 잎에 은구슬
송알송알 싸리 잎에 은구슬

2
조롱조롱 거미줄에 옥구슬
조롱조롱 거미줄에 옥구슬

3
대롱대롱 풀잎마다 총총
대롱대롱 풀잎마다 총총

4
방긋 웃는 꽃잎마다 송송송
방긋 웃는 꽃잎마다 송송송

글자 크기 **28** 포인트

5
고이고이 오색실에 꿰어서
고이고이 오색실에 꿰어서

6
달빛 새는 창문가에 두라고
달빛 새는 창문가에 두라고

7
포슬포슬 구슬비는 종일
포슬포슬 구슬비는 종일

8
예쁜 구슬 맺히면서 솔솔솔
예쁜 구슬 맺히면서 솔솔솔

반달

윤극영

1. 푸른 하늘 은하수 하얀 쪽배엔

2. 계수나무 한 나무 토끼 한 마리

3. 돛대도 아니 달고 삿대도 없이

4. 가기도 잘도 간다 서쪽 나라로

삿대 배를 댈 때나 띄울 때, 또는 물이 얕은 곳에서 배를 밀어 나갈 때 쓰는 긴 막대

5 은하수를 건너서 구름나라로

6 구름나라 지나선 어디로 가나

7 멀리서 반짝반짝 비치이는 건

8 샛별이 등대란다 길을 찾아라

가을 지붕

권태응

1
사다리를 타고서 한 층 두 층

2
언니 따라 지붕에 올라갑니다.

3
박 덩이 뒹굴대는 한옆에다

4
빨강 고추 흰 박고지 널어놓아요.

박고지 여물지 아니한 박의 속을 파내어 길게 오려서 말린 반찬거리

5. 집집마다 지붕에도 울긋불긋

6. 여기저기 그림같이 아름다워요.

7. 내려갈 줄 모르고 나는 자꾸만

8. 멀리멀리 사방 경치 바라봅니다.

국어 공부

김구연

염소가

누나의 국어책을

몽땅 먹어 버렸다.

그러고는 매일

매애애 매애애……

국어책 외운다.

글자 크기
26 포인트

1
2
3
4
5
6

이름

엄기원

1. 병아리 병아리

2. 참 귀엽다

3. 강아지 강아지

4. 참 귀엽다

5. 그 이름 모두

6. 누가 지었지?

7. 방울꽃 방울꽃

8. 참 예쁘다

글자 크기 26 포인트

토끼풀 토끼풀

참 예쁘다

그 이름 모두

누가 붙였지?

물새알 산새알

박목월

1. 물새는

2. 물새라서 바닷가 바위 틈에

3. 알을 낳는다.

4. 보얗게 하얀

5. 물새알.

6 산새는

7 산새라서 잎수풀 둥지 안에

8 알을 낳는다.

9 알락달락 알록진

알락달락 여러 가지 밝은 빛깔의 점이나 줄 따위 무늬가 고르지 아니하게 촘촘한 모양.

10 산새알.

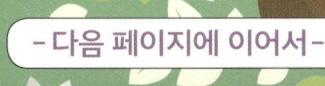
- 다음 페이지에 이어서 -

11 물새알은 / 간간하고 짭조름한

12 미역 냄새, / 바람 냄새.

13 산새알은 / 달콤하고 향긋한

14 풀꽃 냄새, / 이슬 냄새.

15. 물새알은 / 물새알이라서

16. 날갯죽지 하얀 / 물새가 된다.

17. 산새알은 / 산새알이라서

18. 머리꼭지에 빨간 댕기를 드린

19. 산새가 된다.

별 하나 나 하나

강소천

1. 별 하나 나 하나 별 둘 나 둘
2. 하늘엔 별들이 너무 많아
3. 절반도 못 세고 잠이 드네

4 별 하나 나 하나 별 둘 나 둘

5 세어도 세어도 끝이 없어

6 오늘도 세다가 잠이 드네

노을

이동진

1. 바람이 머물다 간 들판에

2. 모락모락 피어나는 저녁연기

3. 색동옷 갈아입은 가을 언덕에

4. 빨갛게 노을이 타고 있어요

5 허수아비 팔 벌려 웃음 짓고

6 초가지붕 둥근 박 꿈꿀 때

7 고개 숙인 논밭의 열매

8 노랗게 익어만 가는

-다음 페이지에 이어서-

9
가을바람 머물다 간 들판에
가을바람 머물다 간 들판에

10
모락모락 피어나는 저녁연기
모락모락 피어나는 저녁연기

11
색동옷 갈아입은 가을 언덕에
색동옷 갈아입은 가을 언덕에

12
붉게 물들어 타는 저녁놀
저녁놀 '저녁노을'의 준말
붉게 물들어 타는 저녁놀

아기와 나비

강소천

1. 아기는 술래.

2. 나비야, 달아나라.

3. 조그만 꼬까신이 아장아장

4. 나비를 쫓아가면,

5
나비는 훠얼훨

6
"요걸 못 잡아?"

7
아기는 숨이 차서

8
풀밭에 그만 주저앉는다.

-다음 페이지에 이어서-

"아기야,

내가 나비를 잡아 줄까?"

길섶의 민들레가

길섶 길의 가장자리. 흔히 풀이 나 있는 곳을 가리킨다.

방긋 웃는다.

내 그림자

이원수

1
언제나 따라다니는 내 그림자
언제나 따라다니는 내 그림자

2
기뻐서 뛰어가면 같이 뛰고
기뻐서 뛰어가면 같이 뛰고

3
설워서 울고 있으면 같이 울고
설워서 울고 있으면 같이 울고

4
그림자야 너는 내가 그리도 좋냐?
그림자야 너는 내가 그리도 좋냐?

5
달을 보며 돌아오는 저녁 길에도

6
졸졸 따라오던 내 그림자

7
오늘은 어디 갔니, 안개 낀 길에

8
봐도 봐도 너는 없고 나 혼자 논다.

달

최계락

1. 키다리 전봇대 담벽 기대고

2. 손발이 시리다고 엉엉 우는 밤

3. 하늘에서 달님은 추워 어쩌나

4. 솜옷도 안 입고 꽁꽁 얼겠다

가랑잎도 굴러와 창문 밖에서

문 좀 열어 달라고 벌벌 떠는데

달님은 구름 밑에 어서 들어라

솜털이불 구름이불 어서 덮어라

산 너머 남촌에는

김동환

1. 산 너머 남촌에는 누가 살길래

2. 해마다 봄바람이 남으로 오네.

3. 꽃 피는 사월이면 진달래 향기

4. 밀 익는 오월이면 보리 내음새.

5. 어느 것 한 가진들 실어 안 오리.

6. 남촌서 남풍 불 제 나는 좋데나.

7. 산 너머 남촌에는 누가 살길래

8. 저 하늘 저 빛깔이 저리 고울까.

- 다음 페이지에 이어서 -

9. 금잔디 너른 벌엔 호랑나비떼

10. 버들밭 실개천엔 종달새 노래.

실개천 폭이 매우 좁고 작은 개천

11. 어느 것 한 가진들 들려 안 오리.

12. 남촌서 남풍 불 제 나는 좋데나.

-이하 생략-

달팽이 3

권정생

1. 달팽이 마을에

2. 전쟁이 났다.

3. 아기 잃은 어머니가

4. 보퉁이 등에 지고 허둥지둥 간다.

5. 아기 찾아간다.

글자 크기
24 포인트

6. 목이 메어 소리도 안 나오고

7. 기운이 다해 뛰지도 못하고

8. 아기 찾아간다.

9. 달팽이가 지나간 뒤에

10. 눈물 자국이

11. 길게 길게 남았다.

꼬까신

최계락

1. 개나리 노오란

2. 꽃그늘 아래

3. 가즈런히 놓여 있는

4. 꼬까신 하나

5. 아기는 사알짝

6. 신 벗어 놓고

7. 맨발로 한들한들

8. 나들이 갔나

9. 가즈런히 기다리는

10. 꼬까신 하나

글자 크기
24 포인트

1
2
3
4
5
6
7
8
9
10

보슬비의 속삭임

강소천

1. 나는 나는 갈 테야
2. 연못으로 갈 테야
3. 동그라미 그리러
4. 연못으로 갈 테야
5. 나는 나는 갈 테야
6. 꽃밭으로 갈 테야
7. 나비 꿈을 엿보러
8. 꽃밭으로 갈 테야
9. 나는 나는 갈 테야
10. 풀밭으로 갈 테야
11. 파란 손이 그리워
12. 풀밭으로 갈 테야

글자 크기
24 포인트

1
2
3
4
5
6

7
8
9
10
11
12

은행나무

권태응

1
우리 동네 은행나문 굵고 큰데도

2
어쩌면 열매 한 톨 안 달리고

3
건너 마을 은행나문 그리 안 큰데

4
해마다 우룽주룽 열매 달리나?

5 우리 동네 은행나문 수나무고요

6 건너 마을 은행나문 암나무래요.

7 아하하하 우습다 나무 내외가

8 몇백 년을 마주보고 살아온다네.

눈 내리는 밤

강소천

1. 말없이
2. 소리 없이
3. 눈 내리는 밤.
4. 누나도 잠이 들고
5. 엄마도 잠이 들고
6. 말없이
7. 소리 없이
8. 눈 내리는 밤.
9. 나는 나하고
10. 이야기하고 싶다.

글자 크기
24 포인트

1
2
3
4
5
6
7
8
9
10

소

권정생

1. 보리짚 깔고

   보리짚 깔고

2. 보리짚 덮고

   보리짚 덮고

3. 보리처럼 잠을 잔다

   보리처럼 잠을 잔다

4. 눈 꼭 감고 귀 오그리고

   눈 꼭 감고 귀 오그리고

5. 코로 숨 쉬고

   코로 숨 쉬고

6. 엄마 꿈꾼다

7. 아버지 꿈꾼다

8. 커다란 몸뚱이

9. 굵다란 네 다리

-다음 페이지에 이어서-

10
― 아버지, 내 어깨가 이만치 튼튼해요

11
가슴 쫙 펴고 자랑하고 싶은데

12
그 아버지는 지금 어디에 있을까?

13
소는 보리짚 속에서 잠이 깨면

14
눈에 눈물이 쪼르르 흐른다

1 --
2 --
3 --
4 --
5 --
6 --
7 --
8 --
9 --
10 ---------------------------------------
11 ---------------------------------------
12 ---------------------------------------
13 ---------------------------------------
14 ---------------------------------------

거미줄

최계락

1. 거미줄에 거미줄에
2. 잠자리 한 마리 걸렸다야
3. 거미줄에 거미줄에
4. 나비도 한 마리 걸렸다야
5. 거미줄 따서 그물을 엮어
6. 시냇물에 송사리 떼 고기잡이 갈거나야

풀벌레의 전화

강소천

¹ 따르르릉 ······ 따르르릉 ······

² 대낮에 풀벌레가 호박 영감에게

³ 전화를 걸었습니다.

4 호박 영감님은 지금

호박 영감님은 지금

5 낮잠이 한창인데요.

낮잠이 한창인데요.

6 따르르릉 …… 따르르릉 ……

따르르릉 …… 따르르릉 ……

7 그래도 호박 영감님은

그래도 호박 영감님은

8 가을볕이 좋다고 낮잠만 잡니다.

가을볕이 좋다고 낮잠만 잡니다.

- 다음 페이지에 이어서 -

─ 이놈의 영감쟁이 귀가 먹었나?

─ 이놈의 전화줄이 병이 났나?

따르릉…… 따르릉……

─ 옳아! 저놈의 영감쟁이 오늘도

낮잠이로구나.

14

따르르릉 …… 따르르릉 ……

따르르릉 …… 따르르릉 ……

15

풀벌레는 자꾸만 자꾸만

풀벌레는 자꾸만 자꾸만

16

종을 울렸습니다.

종을 울렸습니다.

17

따르르릉 …… 따르르릉 ……

따르르릉 …… 따르르릉 ……

18

그래도 그래도 호박 영감님의 낮잠은

그래도 그래도 호박 영감님의 낮잠은

19

깰 줄을 몰랐습니다.

깰 줄을 몰랐습니다.

퐁당퐁당

윤석중

1
퐁당퐁당 돌을 던지자

2
누나 몰래 돌을 던지자

3
냇물아 퍼져라 널리 널리 퍼져라

4
건너편에 앉아서 나물을 씻는

5
우리 누나 손등을 간질여 주어라

글자 크기
22 포인트

1
2
3
4
5

숨바꼭질

강소천

1. 우리 모두 노란 나비가 되어

2. 개나리꽃 울타리 날아가 앉자.

3. 술래야 날 찾아라 어디 숨었니?

4. 꼭꼭 숨어라 찾으러 간다.

글자 크기
22 포인트

5
우리 모두 귀여운 반디가 되어
우리 모두 귀여운 반디가 되어

6
수풀 속에 불을 끄고 숨어 버리자.
수풀 속에 불을 끄고 숨어 버리자.

7
술래야 날 찾아라 어디 숨었니?
술래야 날 찾아라 어디 숨었니?

8
꼭꼭 숨어라 찾으러 간다.
꼭꼭 숨어라 찾으러 간다.

-다음 페이지에 이어서-

9. 우리 모두 조그만 별들이 되어

10. 구름 속에 살짝 숨어 버리자.

11. 술래야 날 찾아라 어디 숨었니?

12. 꼭꼭 숨어라 찾으러 간다.

학교 길

최계락

1. 대문을 나서면
2. 삼돌이 집은
3. 맞은편.
4. 옆집 노마도
5. 가방 메고
6. 나온다.
7. 어깨를 가지런히
8. 발걸음도 가벼이,
9. 우리들은 일 학년
10. 처음 가는
11. 학교 길.

12 골목을 돌아서면

13 저기

14 정든

15 구멍가게

16 할머니도

17 벙글벙글

18 웃으시는데,

19 맑은 하늘

20 밝은 햇살

21 가슴으로 받으며

22 처음 가는

23 학교 길

24 즐거운 아침.

코끼리

박목월

1
귀가 큰 동물은 ······

2
코끼리

3
부채만큼 넓은 귀.

4
코끼리는 코가 크지, 귀가 크냐.

5
귀도 커요.

6. 부채만큼 넓은 귀.

7. 하루 종일

8. 부채만큼 넓은 귀를

9. 푹 접고

10. 코끼리는 어슬렁어슬렁

11. 쇠창살 울 안을 어정거려요.

12. 불쌍한 코끼리.

-다음 페이지에 이어서-

13
두 손을

두 손을

14
쭉 펴서 귀에 대고

쭉 펴서 귀에 대고

15
코끼리를 생각하는

코끼리를 생각하는

16
나도

나도

17
혼자 방 안을 어슬렁어슬렁

혼자 방 안을 어슬렁어슬렁

18
어정거려 보았어요.

어정거려 보았어요.

19
생각할수록 불쌍한 코끼리.

생각할수록 불쌍한 코끼리.

20 코끼리를 놓아주라.

21 쇠창살 문을 열고

22 마음대로

23 뛰어다닐 수 있는 고향으로 가게.

24 코끼리는 코끼리끼리

25 몰려다니는

26 싱싱한 숲속을 생각해 보라.

-이하 생략-

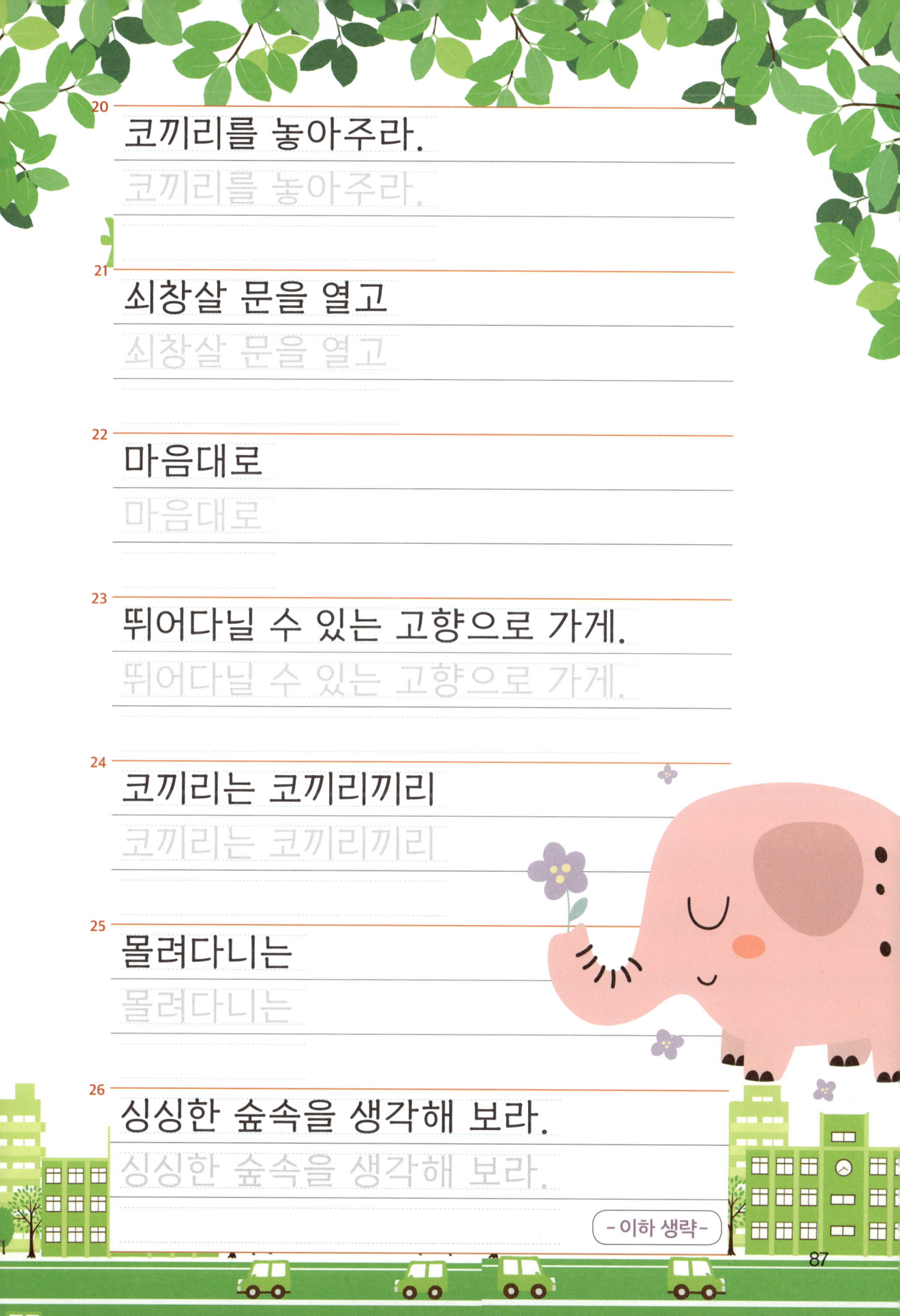

기러기

윤석중

1. 달 밝은 가을밤에
2. 기러기들이
3. 찬 서리 맞으면서
4. 어디로들 가나요
5. 고단한 날개
6. 쉬어 가라고
7. 갈대들이 손을 저어
8. 기러기를 부르네

9. 산 넘고 물을 건너

10. 머나먼 길을

11. 훨훨 날아 우리 땅을

12. 다시 찾아왔어요

13. 기러기들이

14. 살러 가는 곳

15. 달아 달아 밝은 달아

16. 너는 알고 있겠지

초록길

최계락

1. 아카시아 흰 꽃이
2. 환한
3. 학교 길을,
4. 혼자서
5. 돌아오는
6. 토요일 오후,
7. 잔잔한 노래 같은
8. 아니면
9. 강물 같은,
10. 부드러운 바람은
11. 어디서
12. 불어오고,

글자 크기
22 포인트

13. 풀 냄새
14. 묻어오는
15. 들판 너머로,
16. 맞은편
17. 푸른 산이
18. 그림만 같은 ……,
19. 휘파람 불며 오는
20. 시오 리
21. 학교 길에,
22. 어느새
23. 초록빛
24. 여름은 짙어 가나.

단추

박목월

1. 단추는 오형제,
2. 내 양복저고리에
3. 정답게 달렸습니다.
4. 그들이 형제라는 걸
5. 나는
6. 처음에
7. 까맣게 몰랐습니다.
8. 한 개가
9. 떨어져 버리게 되자
10. 남은 네 개의
11. 쓸쓸한
12. 모양,

13. 비로소
14. 한 탯줄에 태어난 오형제임을
15. 나는
16. 알게 되었습니다.
17. 단추는 오형제,
18. 내 양복저고리에
19. 정답게 달렸습니다.

할머니와 산나물

김용희

1. 봄볕 아래 할머니가

2. 산나물을 팔고 있다

3. 사 가는 이 드물어도

4. 한결같이 지킨 자리

5. 오늘도 향긋한 산나물을

6. 자식인 양 보듬는다

글자 크기 **20** 포인트

7
할머니 따라 행길로

8
소풍 나온 산나물

9
나른한 봄볕에

10
파릇파릇 말라 간다

11
갈수록 꼬시랑 나물

12
할머니를 닮아 간다

95

봄나비 한 쌍

강소천

1
종다리 노래 듣고 봄나비 한 쌍
종다리 노래 듣고 봄나비 한 쌍

2
팔랑팔랑 춤을 추는 봄나비 한 쌍
팔랑팔랑 춤을 추는 봄나비 한 쌍

3
민들레가 방긋 웃고 할미꽃이 손짓한다
민들레가 방긋 웃고 할미꽃이 손짓한다

4
예쁜 꽃에 앉아서 잠깐 쉬고 다시 춰라 봄나비야
예쁜 꽃에 앉아서 잠깐 쉬고 다시 춰라 봄나비야

글자 크기 20 포인트

5 장다리 꽃밭에서 봄나비 한 쌍   **장다리** 무, 배추 따위의 꽃줄기

6 술래잡기 놀이 하는 봄나비 한 쌍

7 숨으면은 찾아내고 찾아내면 다시 숨고

8 날개 접고 앉았다 다시 팔랑 날아가네 저 봄나비

겨울 이야기

이봉직

1. 한겨울,

2. 온몸에 찬 바람을

3. 잔뜩 휘감고 들어온

4. 아빠.

5. 이불 속에 들어 있는 나를

6. 갑자기 와락 껴안고는

글자 크기
20 포인트

7. 우아, 따뜻해라.

8. 따끈따끈해서 좋구나.

9. 으아아아악—

10. 아빠가 미워라.

11. 그러나

12. 조금씩 조금씩 따뜻해지는

13. 아빠의 손길.

옹달샘

윤석중

1. 깊은 산속 옹달샘 누가 와서 먹나요

2. 맑고 맑은 옹달샘 누가 와서 먹나요

3. 새벽에 토끼가 눈 비비고 일어나

4. 세수하러 왔다가 물만 먹고 가지요

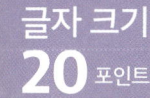

5   깊은 산속 옹달샘 누가 와서 먹나요

6   맑고 맑은 옹달샘 누가 와서 먹나요

7   달밤에 노루가 숨바꼭질하다가

8   목마르면 달려와 얼른 먹고 가지요

바람

방정환

1. 바람은 이상해요.
2. 귀신 같애요.
3. 몸뚱이 안 보이는
4. 도깨비야요.
5. 우후후 소리치며
6. 몰려와서는,
7. 교장 선생 모자를
8. 벗겨 가지요.
9. 바람은 우스워요.
10. 뱃심 좋아요.
11. 얼음같이 차디찬 손
12. 벌리고 와서,
13. 따뜻한 내 몸뚱이
14. 만져 보려고,
15. 저고리를 살그머니
16. 들치곤 해요.

글자 크기
20 포인트

1
2
3
4
5
6
7
8

9
10
11
12
13
14
15
16

조그만 하늘

강소천

1. 들국화 필 무렵에 가득 담갔던 김치를

2. 아카시아 필 무렵에 다 먹어 버렸다.

3. 움 속에 묻었던 이 빈 독을

4. 엄마와 누나가 맞들어

5. 소나기 잘 내리는 마당 한복판에 들어내 놓았다.

6. 아무나 알아맞혀 보아라.

7. 이 빈 독에

8. 언제 누가 무엇을

9. 가득 채워 주었겠나.

10. 그렇단다.

-다음 페이지에 이어서-

11 이른 저녁마다 내리는 소나기가

12 하늘을 가득 채워 주었단다.

13 동그랗고 조그만 이 하늘에도

14 제법 고오운 구름이 잘도 떠돈단다.

1
2
3
4
5
6
7
8
9
10
11
12
13
14

가을

신현득

돌각담 너머로
감나무 긴 팔이
감을 들고
아가 손에 와 닿아요.
— 이거 내가 익힌 거야.
맛 좀 봐.

탱자 울 밖으로
사과나무도
아가 손에
사과 하나 놓아 주면서
— 이거 내가 익힌 거야.
맛 좀 봐 줘.

달력

최계락

즐거운 일이 많을까
괴로운 일이 많을까

시간표와
나란히
새 달력을 걸어 두고,

한 해는 삼백하고
예순다섯 날을

기쁜 일이 많을까
슬픈 일이 많을까

조용히
책상 앞에
마음 고쳐 앉으면,

아라비아숫자 속에
사철이
피고
지는,

한 해는
삼백하고
예순다섯 날에

기쁜 일만 있었으면
즐거운 일만 있었으면

봄바람

강소천

길로 지나가면
먼지를 피우고

마당에 들어오면
줄에 널린 빨래를 떨어뜨려
흙을 묻히고

집 뒤뜰에 가면
곱게 핀 복사꽃을
흔들어 놓고

방 안에 들어오면
글 읽을 줄도 모르는 게
책장만 자꾸 넘기는

심술쟁이 봄바람
울 오빠 같은 바람.

엄마하고

박목월

엄마하고 길을 가면
나는
키가 더 커진다.

엄마하고 얘길 하면
나는
말이 술술 나온다.

그리고 엄마하고 자면
나는
자면서도 엄마를 꿈에 보게 된다.

참말이야, 엄마는
내가
자면서도 빙그레
웃는다고 하셨어.

봄과 골목

최계락

한겨울 동안
그렇게도 조용하던
골목이,

요 며칠 사이
갑자기
부산해졌다.

학교에서 돌아오면
가방을 벗어 던지기 무섭게
훈이도,
민이도.

그리고 또
순이도,
어쩌면 곧장

골목에서 어울리기 마련인
요즘.

그렇구나
봄은
어느새
이 골목까지 와 있었네.

초등학교 교과서 등에 실린
아름다운 우리말로 쓴 동시
권태응, 김소월, 방정환, 서덕출, 윤동주 님의
곱디고운 동시 55편을 따라 쓰다 보면
우리 친구들의 상상력과 어휘력이
훨씬 풍부해질 거예요.

바른 손글씨 동시 쓰기 55

큰그림 편집부 / 128쪽 / 8,500원

무한도전 놀이터

직업체험 페이퍼 크래프트

직업체험 페이퍼 크래프트 2탄

큰그림 편집부 지음 | 값 12,000원

① 요리하는 1인 크리에이터
② 빵 만드는 파티셰
③ 동물병원의 수의사
④ 미용실의 헤어디자이너
⑤ 카페의 바리스타
⑥ 재택근무 하는 프리랜서

큰그림 편집부 지음 | 값 12,800원

① 경찰관 모자
② 경찰서와 경찰차
③ 소방관과 소방차
④ 응급 구조사와 구급차
⑤ 항공 교통 관제사
⑥ 항공기 조종사와 승무원
⑦ 공항 보안 검색원
⑧ 항공 정비사